Andre Laurent Dihi

La Circoncision du Christ

Andre Laurent Dihi

La Circoncision du Christ

Du corps mortel au corps glorieux

Éditions Croix du Salut

Impressum / Mentions légales
Bibliografische Information der Deutschen Nationalbibliothek: Die Deutsche Nationalbibliothek verzeichnet diese Publikation in der Deutschen Nationalbibliografie; detaillierte bibliografische Daten sind im Internet über http://dnb.d-nb.de abrufbar.
Alle in diesem Buch genannten Marken und Produktnamen unterliegen warenzeichen-, marken- oder patentrechtlichem Schutz bzw. sind Warenzeichen oder eingetragene Warenzeichen der jeweiligen Inhaber. Die Wiedergabe von Marken, Produktnamen, Gebrauchsnamen, Handelsnamen, Warenbezeichnungen u.s.w. in diesem Werk berechtigt auch ohne besondere Kennzeichnung nicht zu der Annahme, dass solche Namen im Sinne der Warenzeichen- und Markenschutzgesetzgebung als frei zu betrachten wären und daher von jedermann benutzt werden dürften.

Information bibliographique publiée par la Deutsche Nationalbibliothek: La Deutsche Nationalbibliothek inscrit cette publication à la Deutsche Nationalbibliografie; des données bibliographiques détaillées sont disponibles sur internet à l'adresse http://dnb.d-nb.de.
Toutes marques et noms de produits mentionnés dans ce livre demeurent sous la protection des marques, des marques déposées et des brevets, et sont des marques ou des marques déposées de leurs détenteurs respectifs. L'utilisation des marques, noms de produits, noms communs, noms commerciaux, descriptions de produits, etc, même sans qu'ils soient mentionnés de façon particulière dans ce livre ne signifie en aucune façon que ces noms peuvent être utilisés sans restriction à l'égard de la législation pour la protection des marques et des marques déposées et pourraient donc être utilisés par quiconque.

Coverbild / Photo de couverture: www.ingimage.com

Verlag / Editeur:
Éditions Croix du Salut
ist ein Imprint der / est une marque déposée de
OmniScriptum GmbH & Co. KG
Heinrich-Böcking-Str. 6-8, 66121 Saarbrücken, Deutschland / Allemagne
Email: info@editions-croix.com

Herstellung: siehe letzte Seite /
Impression: voir la dernière page
ISBN: 978-3-8416-9926-8

Copyright / Droit d'auteur © 2015 OmniScriptum GmbH & Co. KG
Alle Rechte vorbehalten. / Tous droits réservés. Saarbrücken 2015

Tables des Matières

PRÉFACE..3

L'HOMME PÉCHEUR PRIVÉ DE LA GLOIRE DE DIEU............................5

LE PLAN DU RACHAT DE DIEU POUR L'HUMANITÉ..........................9

LE SANG DE LA CROIX, LE SANG DU RACHAT..................................19

LA CIRCONCISION DU CHRIST 24

A. COLOSSIENS 2 :11-13..28

B. ROMAINS 6 :3-8...32

POURQUOI LE NOM DE JÉSUS-CHRIST..39

NOS ENCOURAGEMENTS..48

PRÉFACE

Gloire et honneur soient rendus à notre Seigneur et Sauveur Jésus-Christ qui m'a versé les arrhes de son esprit (2co 1:22 & 2co 5:5) par lequel j'ai pu recevoir le don d'enseigner sa parole.

DIEU qui choisit, sans favoritisme les choses folles, les choses faibles, les choses viles et négligeables du monde pour les transformer et les rendre grandes et fortes, m'a désigné pour porter aux extrémités de la terre cet enseignement qui est sa parole que je publie maintenant pour tous ceux qui se réclament du christianisme.

Sans aucune formation théologique, sans aucune connaissance d'un quelconque institut biblique, DIEU a porté son regard sur moi par pur don. Le don d'enseigner sa parole. Que toute la gloire soit à notre DIEU et Seigneur Jésus-Christ pour tous ceux qui ont apporté leur contribution à la publication de cet outil d'enseignement.

La gloire est à DIEU car l'homme n'a rien à se glorifier comme s'il était capable de concevoir quelque chose. La capacité de l'homme vient de DIEU(2Co 3:5).Et seulement de lui seul.

Cet outil de poche est un enseignement intégralement basé et inspiré de la bible qui est la parole de DIEU.Il s'adresse à tous sans exception, les croyants et les non croyants, les convertis et les non convertis, les chrétiens et les non chrétiens, mais surtout tous ceux qui sont diligemment à la recherche de la vérité qui est la parole de DIEU pour la vie de leurs âmes.

Ce livre n'est pas une œuvre littéraire mais plutôt la révélation de la parole de DIEU à son humble serviteur. Avant de commencer à le lire, nous vous prions de déposer à vos pieds toutes vos connaissances intellectuelles, vos connaissances théologiques, vos diverses religions, vos diverses croyances et ensuite adresser vos prières à DIEU au nom du Seigneur Jésus-Christ afin de recevoir de lui l'intelligence de comprendre l'absolu de la connaissance de la circoncision du Christ. (Luc 24:47).**N/B: Tous les versets bibliques utilisés dans ce livre sont de la traduction de KING JAMES' version en français(SCOFIELD).**

L'HOMME PÉCHEUR PRIVÉ DE LA GLOIRE DE DIEU

Nous savons conformément aux saintes écritures (la bible) que l'homme a péché dans le jardin d'Eden en désobéissance au commandement de DIEU.

(Gen 2:16-17)…Tu pourras manger de tous les arbres du jardin ;mais tu ne mangeras pas de l'arbre de la connaissance du bien et du mal, car le jour où tu en mangeras, tu mourras certainement .

Le commandement à ne pas manger le fruit de l'arbre de la connaissance du bien et du mal, ayant été désobéi, DIEU le créateur de l'homme dans sa colère a condamné le péché dans la chair.

(Ro 8:3)…DIEU a condamné le péché dans la chair…

De par le péché ,la mort est entrée dans toute la race humaine. Tous ceux qui sont descendant d'Adam doivent expérimenter la mort physique(la séparation du corps, l'âme et de l'esprit).

La bible dit: (RO 5:12)…C'est pourquoi ,comme par un seul homme(Adam) le péché est entré dans le monde,et par le péché la mort ,et qu'ainsi la mort s'est étendue sur tous les hommes, parce que tous ont péché.

Nous sommes tous sans exception créatures de DIEU en Adam. Nous héritons tous de génération en génération le sang et la chair(corps) contaminés par le péché depuis Adam. La mort a atteint tous ceux qui n'avaient pas péché par une transgression semblable à celle d'Adam. C'est pourquoi en tant que pécheurs par héritage, nous sommes tous ,tous sans exception privés de la gloire de DIEU. En Adam nous sommes tous loin de DIEU.

(RO 3:23).Car tous ont péché et sont privés de la gloire de DIEU.

L'apôtre Paul, l'apôtre des païens pouvait bien dire dans sa deuxième lettre aux Corinthiens; (2Co 5:6);…Et nous savons qu'en demeurant dans ce corps nous demeurons loin du Seigneur.

Même Moïse,le prophète et serviteur fidèle de DIEU à son temps. Moïse dont DIEU même a rendu le témoignage disant; (NO 12:7-8).Il n'en est pas ainsi de mon serviteur Moïse .Il est fidèle dans toute ma maison. Je lui parle bouche à bouche ,je me révèle à lui sans énigmes…

Le prophète Moïse à travers qui DIEU opéra de nombreux miracles et des prodiges depuis l'Egypte jusqu'au désert. Moïse qui a vu DIEU dans toutes ses différentes formes, dans toutes ses représentations.

(NO 12 :8)…et il voit une représentation de l'Eternel.

Quand le temps est venu pour lui de voir DIEU tel qu'il est, tel qu'Adam l'a découvert et était dans sa présence dans le jardin d'Eden.

(Exo 33:18 & 23).Moïse dit : fais-moi voir ta gloire !...L'Éternel dit: Tu ne pourras pas voir ma face ,car l'homme ne peut me voir et vivre…

A cause du corps de péché que revêtait Moïse , il ne pouvait pas voir DIEU dans sa forme réelle. Le corps de péché constitue un mur de séparation entre l'homme, créature de DIEU et DIEU le créateur, le saint des saints.

Avant que Moïse devienne serviteur et prophète de DIEU, il est d'abord né hébreux, il était descendant biologique de Jacob ,de la tribu de Lévi. Il est issu du peuple qui porte le nom de DIEU, Israël. Il a été circoncis le huitième jour de sa naissance selon l'alliance de DIEU avec Abraham . Ensuite ,étant prophète de DIEU, c'est à travers lui que DIEU s'est adressé à son peuple à des multiples occasions. C'est aussi par lui que le peuple de DIEU a été baptisé dans la nuée et dans la mer rouge qui est le baptême en Moïse. C'est à travers Moïse que le peuple de DIEU dans le Désert a bu l'eau du rocher. C'est aussi par Moïse que la nourriture(la manne) et la viande (la caille) sont tombées du ciel pour nourrir le peuple de DIEU(1Co 10:1-4).

Mais Moïse était dans l'ignorance que bien qu'il fût circoncis au huitième jour ,bien qu'il fût baptisé du baptême de Moïse ,bien qu'il vît toutes les représentations de DIEU, bien que de nombreux miracles aient été opérés par DIEU à travers lui, bien qu'il parlât à DIEU de bouche à bouche, il demeurait toujours dans le corps de péché.

Il ignorait aussi que tous les hommes y compris lui-même, depuis Adam à cause du péché sont privés de la gloire de DIEU. Nul ne peut voir la gloire de DIEU en étant dans le corps hérité d'Adam. Quand DIEU dit ;l'homme ne peut me voir et vivre, c'est simplement dire, personne ,même Moïse qui a tant servi DIEU , ne peut être dans ce corps condamné à mourir et voir la gloire de DIEU.C'est ainsi, l'apôtre Paul pouvait dire dans sa première lettre aux Corinthiens; (1Co 15:50)… la chair et le sang ne peuvent hériter le royaume de DIEU…

La chair et le sang dans lesquels le péché est condamné ne peuvent rencontrer DIEU dans sa Sainteté.

DIEU, dans son plan de création, a crée l'homme à son image. A sa création, l'homme était parfait et une merveilleuse créature de DIEU parce qu'il était à l'image de son créateur DIEU.

(PS 139:14). Je te loue de ce que je suis une créature si merveilleuse.

C'est pourquoi DIEU n'a pas dit que l'homme était bon comme il le disait à chacune de ses créatures au commencement.

A sa création, l'homme devait aussi vivre éternellement dans la présence de DIEU.C'est pourquoi la présence de l'arbre de vie au milieu du jardin d'Eden symbolisait la vie éternelle. Remarquons qu' en chassant l'homme du jardin, DIEU dit:(Gen 3:22)…Empêchons-le maintenant d'avancer sa main, de prendre de l'arbre de vie, d'en manger ,et de vivre éternellement.

Cependant,en perdant le privilège de demeurer dans la présence de DIEU, l'homme s'était séparé de son créateur, l'Eternel DIEU. Et cela représentait la mort spirituelle pour lui. Quand l'homme fut chassé du jardin d'Eden,il était mort spirituellement car il était séparé de son DIEU.C'est par la suite que DIEU condamnât la mort physique dans le corps de l'homme en limitant sa durée de vie sur terre.

(Gen 6:3)…L'homme n'est que chair ,et ses jours seront de cent vingt ans…

Par la désobéissance ,l'homme a complètement perdu le privilège que DIEU lui a donné d'être permanemment dans sa présence. En s'éloignant de la présence de DIEU ,l'homme s'est privé aussi de la gloire de son DIEU.

Comment la circoncision du Christ peut-elle permettre à l'homme pécheur privé de la gloire de DIEU de renouer avec son créateur?

LE PLAN DU RACHAT DE DIEU POUR L'HUMANITÉ

Dans sa riche bonté, DIEU a toujours tendu sa main à l'homme pécheur pour le ramener à lui. DIEU ne veut jamais que l'homme qu'il a crée à son image périsse, mais plutôt qu'il parvienne à la repentance.

(2Pi 3 :9)…Mais il use de patience envers vous, ne voulant pas qu'aucun périsse, mais voulant que tous arrivent à la repentance.

Pour DIEU, que tous parviennent à la repentance ;comme il a dit à Ézékiel le prophète; (Ézk 18:30)…Revenez (à DIEU) et détournez-vous de toutes vos transgressions, afin que l'iniquité ne cause pas votre ruine.

(Ézk 18:32)…Convertissez-vous donc ,et vivez.

(Ézk 33:11)…ce que je désire, ce n'est pas que le méchant meure, c'est qu'il change de conduite et qu'il vive. Revenez, revenez de votre mauvaise voie…

Notre DIEU dont la bonté subsiste toujours a établi par différent plans comment ramener l'homme et le réconcilier à lui. DIEU omniscient, celui qui connait tout et qui voit tout, avant la création de l'homme ,dans sa préscience, il savait que l'homme devait tomber c'est-à-dire qu'il devait transgresser le commandement de DIEU. Nous disons "commandement", car DIEU n'avait pas offert un choix, une option à l'homme mais plutôt il lui avait donné un ordre…Tu ne mangeras pas le fruit de l'arbre de la connaissance du bien et du mal…(Gen 2:16-27).

Puisque DIEU savait que l'homme devait chuter ,alors avant la fondation du monde,il mit en place le plan du rachat de l'humanité. Il est omniscient ,avant même que l'homme fût crée ,DIEU planifia sa rédemption.La désobéissance d'Adam ne surprit point DIEU non plus, mais puisque tous ses plans s'accomplissent toujours il ne pouvait pas les empêcher de manger le fruit pour qu'il exécute le plan qu'il a mis en place. DIEU savait que l'homme devait manger le fruit . Ce n'est pas par ignorance qu'il posa la question à Adam.

(Gen 3:11)…est-ce que tu as mangé de l'arbre dont je t'avais défendu de manger?

DIEU, le créateur a voulu qu'Adam prenne la responsabilité de son acte de désobéissance. L'Eternel DIEU voulait que l'homme reconnaisse qu'il a désobéi à la

parole de son créateur en mangeant le fruit défendu. Mais l'homme au lieu de s'humilier à DIEU pour reconnaitre sa transgression en vue d'obtenir le pardon, dans son orgueil, il accusa DIEU, de lui avoir donné une femme. L'homme répondit;
(Gen 3:12).La femme que tu as mise auprès de moi m'a donné de l'arbre et j'en ai mangé.
Nous avons un DIEU qui voit tout d'avance ,qui prédit tout et qui annonce tout avant que cela arrive. En DIEU, il n'ya pas de hasard, il n'ya rien de surprenant, mais tout se fait selon ses desseins(plans) qui s'accomplissent toujours.
(Proverbes 19:21).Il y a dans le Coeur de l'homme beaucoup de projets ,mais c'est le dessein de l'Eternel qui s'accomplit.
Le prophète Ésaïe disait; (Ésaïe 25:1)…Tes desseins conçus à l'avance se sont fidèlement accomplis.
(Ésaïe 46 :10).J'annonce dès le commencement ce qui doit arriver ,Et longtemps d'avance ce qui n'est pas encore accompli ; Je dis : Mes arrêts subsisteront, Et j'exécuterai toute ma volonté.
Dans son plan, l'agneau de sacrifice pour ôter le péché de toute l'humanité avait déjà été immolé avant que l'homme fût crée.Dans la première lettre de Pierre, l'apôtre écrit;(1Pi 1:19-20)…par le sang précieux de Christ,comme un agneau sans défaut, sans tache; prédestiné avant la fondation du monde…
Aussi dans la vision de l'apôtre Jean dans le livre d'Apocalypse, il voit (Apo 13:8)… l'agneau qui a été immolé dès la fondation du monde.
Le monde n'était pas encore crée quand DIEU planifia le rachat de l'homme.
Mais avant la manifestation de cet agneau prédestiné avant la fondation du monde, DIEU a d'abord essayé beaucoup d'autres moyens pour réconcilier l'homme à lui. Par exemple, après que l'homme soit multiplié abondamment à la surface de la terre, le péché de l'homme était devenu incontrôlable. Il se plaisait et croissait de plus en plus dans le péché. La méchanceté de l'homme était à son haut niveau.
(Gen 6:5).L'Eternel vit que la méchanceté des hommes était grande sur la terre, et que toutes les pensées de leur Cœur se portaient chaque jour uniquement vers le mal.
DIEU, qui voulait détruire l'humanité toute entière s'en est repentit en apercevant Noé qui trouva grâce aux yeux de l'Eternel.
(Gen 6: 8).Mais Noé trouva grâce aux yeux de l'Eternel.

De par Noé, DIEU voulait sauver toute l'humanité en faisant de lui un prédicateur annonçant la colère de DIEU à venir par le déluge. Mais malgré de nombreuses années de prédication de Noé ,le prédicateur de la justice,l'homme ne revint point à DIEU,mais demeurait dans les plaisirs du monde, dans la vanité de son cœur. Voyant l'incrédulité galopante du Cœur de l'homme. DIEU décida de détruire le monde et de faire de Noé et de sa famille un peuple obéissant à sa parole et lui appartenant. Car c'est par la foi en DIEU, en obéissance à sa parole que Noé fut sauvé avec toute sa famille au nombre de huit. Mais des générations après le déluge, la descendance de Noé à travers ses trois enfants, remplit la surface de la terre et se détournant promptement à leur tour de DIEU. C'est ainsi que pendant de nombreuses années, l'homme était complètement séparé de DIEU et vivait dans l'abomination. L'Eternel DIEU ne s'adressait point à l'homme pendant bien longtemps.

Plusieurs générations plus tard, DIEU choisit un homme ,un seul homme ,Abram, qui était dans son plan bien avant la fondation du monde, sur lequel il a tendu sa miséricorde et qu'il a appelé à lui et de qui il a fait une postérité nombreuse. (Ro 8:29-30).Car ceux qu'il a connus d'avance, il les a aussi prédestinés …ceux qu'il a prédestinés ,il les a aussi appelés…

D'un seul homme, Abram, DIEU fit un peuple lui appartenant.Un peuple portant le nom de DIEU. A ce peuple, DIEU montra la voie de réconciliation à lui. DIEU exposait la voie par laquelle l'homme pouvait s'approcher de lui.

Pour témoigner de sa présence parmi eux,il les (les enfants de Jacob) libéra des mains de l'oppresseur, L'Egypte, pour les établir sur la terre promise (Canaan) à Abraham. La terre sur laquelle le lait et le miel coulaient .Ensuite, DIEU voyant la dureté de leur Cœur ,leur imposait la loi en vue de les (les enfants d'Israël) emmener à marcher d'un même pas dans l'obéissance de sa parole.

(Ro 3:19)… Or,nous savons que tout ce que dit la loi ,elle le dit à ceux qui sont sous la loi, afin que toute bouche soit fermée, et tout le monde soit reconnu coupable devant DIEU.

Dans cette même voie de réconciliation , l'Eternel DIEU leur imposa les sacrifices et les holocaustes de bonne odeur qui devaient lui être agréable. DIEU se plaît certes dans les sacrifices et les holocaustes mais il se plaît surtout dans l'obéissance de sa parole.

(I Sam 15:22)…Voici, l'obéissance vaut mieux que les sacrifices, et l'observation de sa parole vaut mieux que la graisse des béliers.

DIEU a tracé pour son peuple, la bonne voie à suivre afin de s'approcher de lui. Et cela par l'obéissance de sa parole, les sacrifices et les holocaustes. Mais l'homme ne put pas rétablir avec DIEU cette relation franche du père aux enfants dans la soumission et l'obéissance à sa parole, à cause de la chair et du sang hérités d'Adam. Le péché dans le corps de l'homme le rebelle à jamais contre DIEU. L'Eternel dans sa colère a fait subir des défaites à son peuple face à leurs ennemis .Ils ont été sujet de déportation et de captivité , leurs villes ont été détruites à plusieurs reprises . DIEU voulait les humilier en les forçant à retourner à lui. Mais l'homme demeurait dans son incrédulité. Alors DIEU n'agréa plus les sacrifices et les holocaustes de l'homme.

(Heb 10:6). Tu n'as agréé ni holocaustes ni sacrifices pour le péché.

(ESaie 1:11). Que m'importe la multitude de vos sacrifices ? dit l'Eternel. Je suis rassasié des holocaustes de béliers et de la graisse des veaux ; je ne prends point plaisir au sang des taureaux, des brébis et des boucs.

(Osée 6:6). Car j'aime la miséricorde et non les sacrifices, Et la connaissance de DIEU plus que les holocaustes.

Le créateur de l'univers cherchait celui qui pouvait lui venir en aide, mais toujours pas un seul. Il était à la recherche d'un homme obéissant, un homme juste pouvant encore lui être agréable, mais en vain. Il cherchait un intercesseur, Mais absolument aucun .

(Ésaïe 59:16)…Il (l'Eternel) voit qu'il n'y a pas un homme,il s'étonne de ce que personne n'intercède…

(Ésaïe 63:5).Je regardais ,personne pour m'aider ;j'étais étonné personne pour me soutenir…

DIEU sait que le sang des taureaux, des agneaux et des chevreaux ne peut jamais emmener l'homme à la perfection.(Osée 6:6).Il sait aussi que l'homme ne peut jamais se soumettre aux lois en vue de lui plaire. Ainsi, selon le plan initial de DIEU, l'agneau prédestiné depuis la fondation du monde, va alors se manifester.

(1Pi 1:20)…Par le sang précieux de Christ ,comme un agneau sans défaut et sans tache ;prédestiné avant la fondation du monde et manifesté à la fin des temps. A cause de vous…

Le sang pur ,sans tache et sans défaut ne descendant pas du sang contaminé d'Adam, seul peut racheter l'humanité pécheresse. Un sang souillé par le péché ne peut pas racheter un autre sang souillé. En Adam(tous ceux qui descendent d'Adam),tous sont pécheurs. L'Eternel notre DIEU,le maître de la terre et des cieux a parlé à travers plusieurs de ses serviteurs les prophètes ,annonçant la venue du Messie, le sauveur de l' Israël. DIEU cherchant en vain un intercesseur ,a fait recourt à lui-même. Ce qu'il a planifié depuis le commencement de toute chose va maintenant avoir son accomplissement.

(Ésaïe 59:16)…Il s'étonne de ce que personne n'intercède ,alors son bras lui vient en aide.

Encore Ésaïe ajoute t-il ; (Ésaïe 63:5)…Je regardais ,personne pour m'aider ;J'étais étonné, personne pour me soutenir ;Alors mon bras m'a été en aide.

DIEU devait intervenir directement lui-même, mais surtout d'une façon extraordinaire. Le prophète Ésaïe annonçait par le Saint-Esprit de la part de DIEU, que DIEU devait faire une chose nouvelle .Quelque chose qui ne s'était jamais produit depuis l'existence de l'homme.

(Ésaïe 43:19); Voici ,je vais faire une chose nouvelle ,sur le point d'arriver ;Ne la connaissez-vous pas ?

Le prophète Ésaïe poursuit pour appuyer qu'une chose nouvelle va se produire sur terre.(Ésaïe 48:6)...Maintenant Je te fais entendre les choses nouvelles,cachées, inconnues de toi.

Le prophète Jérémie ajoutait de sa part que l'Eternel crée une chose nouvelle sur la terre.(Jr 31:22).Jusqu'à quand seras-tu errante, fille égarée ?

Car l'Eternel crée une chose nouvelle sur terre : la femme contournera(Compass ou bypass) l'homme.(KJV).

Quand on parle de création ,on parle de DIEU le père .Dans sa fonction de créateur ,il est source et responsable de toute la création. C'est ainsi qu'il joue le rôle de père, car il est à l'origine de l'existence de la création. Alors il voulait créer ce qui était au-delà de l'entendement de l'homme .Ce que l'homme n'avait jamais vu et expérimenté auparavant. Un mystère que DIEU a caché aux yeux des hommes depuis la création,il a décidé de le dévoiler aux hommes.

(Ésaïe 7:14).C'est pourquoi le Seigneur lui-même vous donnera un signe ;Voici ,la vierge deviendra enceinte, elle enfantera un fils ,et elle lui donnera le nom d'Emmanuel(DIEU est avec nous).

DIEU a déclaré que la vierge sera enceinte. En disant la vierge, l'Eternel parlait d'une seule femme et en une seule fois par laquelle le plan de DIEU devait avoir son accomplissement .La vierge sera enceinte est une chose incroyable aux yeux de l'homme. Quelque chose qui ne s'était jamais produit auparavant. La vierge sera enceinte nous ramène à ce que disait le prophète Jérémie ,la femme contournera l'homme. En clair ,la femme n'avait pas besoin de l'homme pour enfanter '' le saint enfant''.

(Luc 1:31). Et voici ,tu deviendras enceinte, et tu enfanteras un fils et tu lui donneras le nom de Jésus.

(Mat 1:20-21)…Elle enfantera un fils ,et tu lui donneras le nom de Jésus; c'est lui qui sauvera son peuple de ses péchés.

La chose était tellement extraordinaire que celle que DIEU a choisi s'est posée la question comment cela devait arriver ?

(Luc 1:34).Marie dit à l'ange ;comment cela se fera t-il ,puisque je ne connais point d'homme?

(Luc 1:35).L'ange lui répondit :le Saint-Esprit viendra sur toi,et la puissance du très haut te couvrira de son ombre. C'est pourquoi le saint enfant qui naîtra de toi sera appelé Fils de DIEU.

En disant le saint enfant,nous comprenons déjà que le Saint-Esprit qui s'est posé sur Marie s'est enrôlé dans un corps préparé par DIEU pour devenir Fils de DIEU.Le Saint-Esprit qui est l'Esprit de DIEU, sans chair ni os prendra le corps miraculeusement dans le ventre de Marie pour devenir Fils de DIEU. Pour Marie cela paraissait très extraordinaire .Mais en DIEU ,rien n'est impossible.

(Luc 1:37).Car rien n'est impossible à DIEU.

Marie ne pouvait pas avoir un enfant sans le contact de Joseph de façon naturelle .Pareil dans le cas du cultivateur et le champ.Le cultivateur a de la semence qu'il met dans la terre ,il est le donneur de la semence et le champ est le receveur de cette semence. La terre ne peut pas produire quoi que ce soit si elle ne reçoit pas la semence du cultivateur. Ainsi en est-il de la femme ,elle n'a pas de semence,elle doit la recevoir de l'homme. Mais nous avons lu dans Jérémie(Jr 31:22 KJV),que la femme a contourné l'homme. A cet effet, Marie n'étant pas donneuse,l'enfant ne peut jamais recevoir d'elle. Le sang de Marie alors ne peut être mélangé au sang du saint enfant(Jésus).D'ailleurs, Marie étant descendante d'Adam comme tout homme, son sang est aussi contaminé par le péché. Si cet enfant portait-il le sang de Marie, il ne devait pas être "le saint enfant" car le sang provenant de Marie est teinté de péché depuis Adam. Mais au contraire, la bible dit le saint enfant; un enfant avec un sang pur et sans péché qui sauvera son peuple du péché. Nous le disions plus haut, un pécheur ne peut jamais sauver un autre pécheur. DIEU qui est Esprit(Jn 4:24),n'ayant ni sang ni chair(Luc 24:39),pour racheter l'humanité pécheresse ,alors il se doit de revêtir un corps en "Fils" de DIEU. En clair, quand le DIEU créateur de l'univers tout entier et de l'homme prend le corps pour se faire visible,il est "Fils"de DIEU. Ainsi ,le Saint-Esprit entrant en Marie se fait un corps pour devenir "Fils" à la sortie,parce que le Fils de DIEU est l'image du DIEU invisible.

(COL 1:15).Le Fils est l'image du DIEU invisible…

(Hébreux 1:3).Le Fils est le reflet de sa gloire et l'empreinte de sa personne…

Qu'allons –nous donc dire ,le Fils de DIEU est le DIEU Esprit qui entre dans le corps (sang et chair) et devient le rédempteur et le sauveur de l'humanité de ses péchés? Absolument oui. DIEU (Esprit) se manifeste lui-même dans le corps en le "Fils de DIEU'',Jésus-Christ, pour le salut de l'humanité.

(Jn 1:14).Et la parole a été faite chair…

La parole qui au commencement était avec DIEU ,et qui elle-même était DIEU a été faite chair et sang (corps) .Cette parole s'est manifestée (révélée) c'est-à-dire s'est montrée physiquement en Jésus-Christ. L'apôtre Paul nous mentionnait dans Philippiens; (Ph 2:7). Mais il s'est dépouillé lui-même, en prenant une forme de serviteur,en devenant semblable aux hommes;et il a paru comme un vrai homme…

DIEU le père se dépouille de tout son pouvoir,de toute sa puissance et de toute son autorité pour paraître dans le corps comme un simple homme. Ce vrai homme était la parole de DIEU qui s'est enrôlée dans un corps(sang et chair).La bible dit dans l'évangile de Jean (Jn 1:1 & 14).Au commencement était la parole,la parole était avec DIEU et la parole était DIEU… Et la parole a été faite chair…

La parole qui était avec DIEU et par laquelle il a crée l'univers et l'homme a été faite chair pour descendre du ciel qui est son habitation sur la terre.Il n' y a donc aucune distinction entre DIEU et sa parole.C'est de par sa parole qu'il a rencontré l'Israël à plusieurs reprises. L'Israël reconnaissait DIEU par sa parole. Au pied du

Mont Sinaï, c'est par la parole que DIEU s'est montré a son peuple et c'est aussi par cette parole que l'Israël l'a aussi reconnu.L'apôtre Paul dans sa première lettre à Timothée dit ; (1Tim 3:16),il dit ;…DIEU à été manifesté en chair…

L'évangile de Jean va plus loin; (Jn 1:18). Personne n'a jamais vu DIEU ;le Fils unique qui est dans le sein du père est celui qui l'a fait connaître.

Le Fils ,le corps de DIEU ,qui a pour nom Jésus ,a fait connaître DIEU physiquement à l' Israël.(Jn 14:9)…Celui qui m'a vu a vu le père…

L'Éternel DIEU s'est exposé à l'humanité en le Fils de DIEU pour être touchable, pour être visible et pour sauver toute l'humanité de ses péchés par son sang. Le Fils étant le corps (sang et chair) peut fournir le sang que le père Esprit n'a pas.Le nom de DIEU qu'il a fait connaître aux hommes;"JESUS"est DIEU qui sauve.

Il est la victime aussi bien expiatoire que propitiatoire pour tous ceux qui croient. (Ro 3:25).C'est lui que DIEU a destiné à être par son sang pour tous ceux qui croiraient victime propitiatoire…

Le propitiatoire est le couvercle en or de l'arche de l'Éternel au milieu duquel l'Israël rencontrait son DIEU.Le Seigneur Jésus étant la victime propitiatoire signifie qu'il est aussi bien le sacrifice(expiatoire) des péchés dont le sang devait être déposé au milieu du propitiatoire(couvercle) à la rencontre du DIEU d'Israël que l'intermédiaire en tant que propitiatoire entre le peuple de DIEU et DIEU lui-même.Il est aussi bien le couvercle de l'arche(propitiatoire) que le sacrifice(expiatoire) offert sur l'arche de l'Eternel.

Quel est l' impact de la circoncision du Christ sur la plan du rachat de DIEU pour l'humanité ?

LE SANG DE LA CROIX, LE SANG DU RACHAT

(Hébreux 9:22)…Presque tout, d'après la loi, est purifié avec du sang; et sans effusion de sang, il n'ya pas de pardon.
Afin qu'il y ait pardon des péchés, il faut Nécessairement le sang.
Quand Adam et Eve furent chassés du jardin d'Eden, ils eurent deux enfants ; Caïn et Abel. Caïn était cultivateur et Abel éleveur. Chacun des deux enfants au temps convenu présenta son offrande à DIEU. Chacun d'eux présenta à DIEU le fruit de son labeur. DIEU agréa l'offrande d'Abel et rejeta celle de son frère Caïn. Le sacrifice d'Abel fut agréable à DIEU non parce qu'il était le plus beau, non plus parce qu'il était le plus gros, mais il était excellent aux yeux de DIEU, simplement parce que c'était un animal. Abel en offrant un animal, a offert le sang du pardon à DIEU.
Après qu'Adam et Eve aient péché dans le jardin d'Eden aucun sacrifice de sang du pardon n'avait été offert à DIEU jusqu'à l'offrande d'Abel. Seul DIEU lui-même étendit sa miséricorde (une faveur imméritée) sur Adam et Eve en les habillant de peau d'animal. Puisque le sang est pour le pardon, le sang de l'animal d'Abel a apaisé la colère de DIEU vis-à-vis de ses parents. En ce sens qu'ils eurent un autre enfant après la mort d'Abel, du nom de Seth. La bible dit :
(Gen 4 :25). Adam connut encore sa femme ; elle enfanta un fils, et l'appela du nom de Seth car dit-elle, DIEU m'a donné un autre fils à la place d'Abel que Caïn a tué.
(Gen 4 :26). Seth eut aussi un fils, et il l'appela du nom d'Enosch. C'est alors que l'on commença à invoquer le nom de l'Eternel.
Le sacrifice d'Abel avant sa mort a eu un effet positif d'apaisement sur la relation entre ses parents et DIEU. Ils ont eu un autre fils Seth de par qui est né Enosch qui adorait DIEU. En quelque sorte DIEU leur a encore fait face. Tout ceci par le sacrifice du sang qu'a offert Abel.
Le rejet du sacrifice de Caïn est dû à l'absence de sang. La bible ne nous donne aucune autre raison par laquelle nous pouvons justifier l'acceptation ou le rejet des offrandes des deux frères par DIEU.

Cependant il est impossible que le sang des béliers, des veaux et des chevreaux ôte les péchés.

(Héb 10 :4-7) ; Car il est impossible que le sang des taureaux et des boucs ôte les péchés .C'est pourquoi Christ, entrant dans le monde ,dit : Tu n'as voulu ni sacrifice ni offrande. Mais tu m'as formé un corps ;tu n'as agrée ni holocaustes ni sacrifices pour le péché .Alors j'ai dit :voici, je viens (Dans le rouleau du livre il est question de moi).Pour faire ,ô DIEU ta volonté.

Jésus pour accomplir ce qui avait été déjà décidé pour lui ,faire la volonté de DIEU le père, il s'est manifesté au temps convenu ,pour remplir une mission.

(Luc 24 :44)…Qu'il fallait que s'accomplisse tout ce qui est écrit de moi dans la loi de Moïse, dans les prophètes ,et dans les psaumes.

En un mot ce qui a été dit de lui dans l'ancien testament.

L'ancien testament qui est l'ancienne alliance se résume par la loi de Moïse(les cinq premiers livres de la bible),les prophètes (tous les prophètes de DIEU dans l'ancien testament ont parlé de la venue du Messie) et les psaumes (en dehors des hymnes, des louanges et des cantiques,il ya des psaumes prophétiques qui aussi annonçaient la venue du Messie).

La mission de Jésus est de donner sa vie sur la croix afin que le pécheur qui était privé de la gloire de DIEU puisse bénéficier de la vie éternelle.

(Col 2 :14).Il a effacé l'acte dont les ordonnances nous condamnaient et qui subsistait contre nous ,il l'a éliminé en le clouant à la croix.

Ce sang de la croix représente le pont de réconciliation entre l'homme et DIEU son créateur.

(Éph 2 :14-16). Car il est notre paix ,lui qui des deux n'en a fait qu'un ,et qui a renversé le mur de séparation, l'inimitié…

Mais sur la croix ,il n'avait pas été seulement question du sang, mais aussi de l'eau.

(Jn 19 :34).Mais un des soldats lui perça le côté avec une lance ,et aussitôt ,il sortit du sang et de l'eau.

Le sang et l'eau s'accordent ,marchent ensemble. Pour que le rachat de l'homme pécheur soit complet, DIEU envoya le sang qui doit agir dans l'eau avec l'Esprit. L'Esprit marque la présence de DIEU lui-même au contrôle de l'opération miraculeuse dans l'eau. Le sang ne peut pas marcher sans l'eau. L'eau et le sang ne peuvent pas être efficaces sans l'Esprit.

(1Jn 5 :6-8).C'est lui,Jésus-Christ, qui est venu avec de l'eau et du sang ;non avec l'eau seulement ,mais avec l'eau et avec du sang …L'Esprit ,l'eau et le sang et les trois sont d'accord.

L'apparition de Jésus dans le monde est l'accomplissement de tout ce qui avait été donc projeté ,annoncé dans l'ancien testament à son propos. La voix des prophètes annonçant la venue du Messie ,la voix des prophètes annonçant l'évangile.

(Ro 1 :2).Evangile qui avait été promis auparavant de la part de DIEU par ses prophètes dans les saintes écritures.

La voix des prophètes annonçant le plan du salut à l'humanité.

(Ésaie 7 :14). C'est pourquoi le Seigneur lui-même vous donnera un signe ;voici la vierge deviendra enceinte,elle enfantera un fils,et lui donnera le nom d'Emmanuel.

(Esaie 9 :5).Car un enfant nous est né ,un fils nous est donné…

Toutes ces prophéties ont eu leur accomplissement en Jésus Christ de Nazareth. Les prophètes de DIEU dans l'ancien testament étaient les symboles de la projection de ce qui devait arriver(le plan).Le nouveau testament par contre marque l'exécution ou la réalisation du plan déjà projeté. Le nouveau testament alors c'est rendre réel ce qui avait été annoncé.

(Luc 4 :16-21)…Aujourd'hui cette parole de l'écriture ,que vous venez d'entendre est accomplie.

L'évangile c'est le témoignage de Jésus ;sa naissance d'une vierge fille,son ministère pendant trois ans sur terre,sa mort sur la croix et sa résurrection.(1Co 15 :3-11).Cet évangile promis par DIEU et annoncé par les prophètes a été accompli. La volonté de DIEU s'est totalement accomplie ;d'une part par le sang pur sans contamination versé sur la croix pour tous.Et d'autre part ,toutes les lois de DIEU données à l'Israël par Moïse ont été accomplies dans l'obéissance par Jésus sur la croix pour toutes les

nations ,pour tous les païens, leur permettant de se réconcilier à DIEU et d'entrer dans son plan du salut sans être contraint de supporter le fardeau de la loi, mais plutôt de vivre par la foi.Sur la croix le Seigneur Jésus dit « Tout est accompli. Jn 19 :30 »
(1Pi 1 :18-20).Vous savez que ce n'est point par des choses périssables , par l'argent ou de l'or,que vous avez été rachetés de la vaine manière de vivre, que vous aviez héritée de vos pères, mais par le sang précieux de Christ ,Comme d'un agneau sans défaut et sans tache ; prédestiné avant la fondation du monde, il fut manifesté à la fin des temps à cause de vous.

Quand l'arrêt de DIEU pour le rachat de l'humanité est arrivé ,le Fils de DIEU qui est l'image du DIEU invisible s'est manifesté, s'est révélé(montré) non seulement pour se faire voir ,mais surtout pour donner son sang sur la croix.

Nous le disions déjà que parce que le père étant Esprit n'ayant pas de sang,il a pris le corps en le Fils pour sauver l'humanité toute entière.La bible dit dans la lettre aux romains (Ro 8 :3)…DIEU a condamné le péché dans la chair,en envoyant ,à cause du péché ,son propre Fils dans une chair semblable à celle du péché.

Le Fils qui est non seulement l'image du DIEU invisible ,mais aussi le reflet et l'empreinte de sa personnalité s'est montré à l'humanité selon le dessein du père dans un corps qui juste ressemble au corps du péché ,mais non identique au corps d'Adam.Le corps dans lequel il est venu présente toute apparence similaire au corps de péché ,mais le sang en lui marque une nette différence de par sa composition. Un sang saint, un sang pur ,un sang sans tache ni défaut. Le corps miraculeusement formé dans le sein de Marie est juste semblable au corps d'Adam. C'est par la crucifixion de ce corps que l'homme doit être sauvé. De par Marie ,le fils est venu au monde de la même manière que l'homme pécheur naît d'une mère, afin qu'il soit semblable en tout. Un modèle en tout.

(Heb 2 :14).Ainsi donc ,puisque les enfants participent au sang et à la chair ,il y a également participé lui-même ,afin que, par la mort il rende impuissant celui qui avait la puissance de la mort ,c'est –à dire le diable.

LA CIRCONCISION DU CHRIST

Il y eut un traité entre DIEU et Abraham. DIEU de ses mains apposa sa signature sur le traité qu'il signa avec Abraham. Cette signature est appelée le signe de l'alliance. Le signe de l'alliance que DIEU donna à Abraham était la circoncision.
(Gen 17 :10-13).C'est ici mon alliance, que vous garderez entre moi et vous,et ta postérité après toi ;tout mâle parmi vous sera circoncis.Vous vous circoncirez ;et ce sera un signe d'alliance entre moi et vous. A l'âge de huit jours,tout mâle parmi vous sera circoncis,selon vos générations…
Cette circoncision consistait à ôter une partie du corps génital (Prépuce)du garçon.C'était une opération physique dans la chair de l'homme qui préfigurait la circoncision du Christ.Dans la lettre de l'apôtre Paul aux éphésiens ,il a considéré la circoncision d'Abraham comme celle faite de mains d'hommes.Cette circoncision était celle des œuvres de la loi.
(Eph 2 :11).C'est pourquoi, vous autrefois païens dans la chair, appelés incirconcis par ceux qu'on appelle circoncis et qui le sont en la chair par la main de l'homme.
La circoncision qui était la signature de DIEU (le signe de l'alliance) sur le traité entre lui et Abraham fut plus tard donnée comme une loi à Moïse.
(Lev 12 :3).Le huitième jour l'enfant sera circoncis.
C'est à cette loi que tous les enfants d'Israël se soumettaient, ainsi que les étrangers qui vivaient chez eux.
(Exode 12 :44).Tu circonciras tout esclave acquis à prix d'argent…
(Exode 12 :48).Si un étranger en séjour chez toi veut faire la pâque de l'Eternel ,tout homme de sa maison devra être circoncis…
Malgré cette loi de la circoncision à laquelle l'Israël se soumettait avec rigueur comme les œuvres de la loi,Les enfants de Jacob désobéissaient par leur conduite, par leurs actes ,l'Eternel DIEU le créateur .La circoncision au huitième jour ne les empêcha point de se rebeller à DIEU. Moïse, alors en donnant la loi à la nouvelle

génération des enfants d'Israël ;ceux qui sont sortis de l'Egypte à moins de vingt(20) ans et ceux qui sont nés dans le désert ;il leur demanda de circoncire leur cœur.
(Deut 10 :16).Vous circoncirez donc votre cœur,et vous ne raidirez plus votre cou.
Le prophète Jérémie par la suite, de la part de DIEU avertit le peuple que la circoncision ne doit pas seulement être celle en la chair le huitième jour de la naissance ,mais surtout celle du cœur .Il faut que le cœur des enfants d'Israël soit circoncis afin que les lois de DIEU y prennent place,faute de quoi il les châtiera .
(Jr 9 :25).Voici, les jours viennent ,dit l'Eternel ,où je châtierai tous les circoncis qui ne le sont pas dans leur cœur…
L'homme n'avait pas de moyens à lui-même de circoncire son cœur. Alors la circoncision du cœur était un sujet incompris en Israël. Comment l'homme peut-il circoncire son propre cœur ?
Dans le livre de Romains ;l'apôtre Paul parle du rapport entre la circoncision en la chair et la circoncision du cœur. Selon l'apôtre Paul conduit par l'Esprit-Saint, la circoncision en la chair conformément à la loi de Moïse n'est que circoncision si elle vient d'un cœur totalement soumis à la parole de DIEU. Un cœur totalement soumis est en rapport avec ce qui se passe sur le corps physique de l'homme. C'est du cœur que doit venir le respect de la loi dont la circoncision en la chair est l'aspect extérieur. Un cœur soumis à DIEU et totalement obéissant est un cœur circoncis. La circoncision en la chair devient incirconcision sans le respect de la loi de DIEU. Un incirconcis qui est sans la connaissance de la loi de Moïse ,en fait, un païen qui par la foi est obéissant à DIEU est selon la bible un circoncis car son cœur est obéissant. Par contre un circoncis selon la loi, qui ne l'est pas par l'obéissance de la loi est un incirconcis car son cœur est incirconcis.
(Ro 2 :25-29).La circoncision est utile,si tu mets en pratique la loi ; mais si tu transgresses la loi,ta circoncision devient incirconcision .Si donc l'incirconcis observe les ordonnances de la loi,son incirconcision ne sera-t-elle pas tenue pour circoncision ? L'incirconcis de nature,qui accomplit la loi ,ne te condamnera t-il pas, toi qui transgresses,tout en ayant la lettre de la loi et la circoncision ?...La

circoncision c'est celle du cœur.

En quoi l'homme pécheur ,privé de la gloire de DIEU ,peut-il être réconcilié à son DIEU par la circoncision du Christ ?

Le Seigneur Jésus, en venant dans ce monde comme nous l'avons dit plus haut a déclaré dans Hébreux.

(Héb 10 :5). Tu n'as voulu ni sacrifice ni offrande ;mais tu m'as formé un corps...

Ce corps que DIEU a miraculeusement formé dans le ventre de la vierge Marie devait être crucifié sur la croix .Ce sang sans péché ,sans contamination du sang d'Adam devait être versé sur la croix pour toute l'humanité .Cette mission a été accomplie selon le dessein de DIEU mis en place avant la fondation du monde. Christ est mort donc pour sauver toute l'humanité .La bible dit c'est par sa mort que nous sommes sauvés.(1Jn 2 :2).Il est lui-même la victime expiatoire pour nos péchés... (1Co 15 :3)... Christ est mort pour nos péchés...(2CO 5 :15).Il est mort pour tous....

Il est le sacrifice qui expie(efface) nos péchés .Car lui qui est mort une seule fois ne meurt jamais encore. La mort n'a plus de pouvoir sur lui.(Ro 6 :9).Nous devons aussi mourir une fois avec lui. Comme il est ressuscité en triomphant de la croix ,nous aussi nous voulons être ressuscités avec lui afin de marcher en nouveauté de vie.Une fois que nous mourons avec lui par l'eau du baptême ,en cas de mort physique en attendant son retour,à son avènement ,nous serons ressuscités .Car étant dans son corps, le même DIEU qui l'a ressuscité de la mort nous ressuscitera aussi.

(1 Co 6 :14).Et DIEU,qui a ressuscité le Seigneur ,nous ressuscitera aussi par sa puissance.

1. COLOSSIENS 2 : 11-13

VERSET 11.

Et c'est en lui que vous avez été circoncis d'une circoncision que la main n'a pas faite ,mais de la circoncision du Christ…

C'est en Christ que toute l'humanité pécheresse devait être circoncise.Une circoncision qui n'est pas celle d'Abraham ,qui n'est pas faite par la main des hommes .Cette circoncision est une opération miraculeuse que DIEU doit faire lui-même sur l'homme.

La circoncision d'Abraham préfigurait la circoncision du Christ.
La circoncision du Christ était à l'ombre de la circoncision d'Abraham.
(Col 2 :17).C'était l'ombre des choses à venir, mais le corps est en Christ.

VERSET 11.

…Qui consiste dans le dépouillement du corps de la chair.

Depuis la chute d'Adam, nous l'avons dit plus haut, DIEU a condamné le péché dans la chair de l'homme(Ro 8 :3).La circoncision d'Abraham qui préfigurait celle du Christ consistait à ôter le prépuce du mâle. Quant à celle du Christ c'est le fait de retirer la totalité de la chair dans laquelle est condamné le péché .Cette chair doit être enlevée du corps car c'est elle qui non seulement contient le péché,mais aussi elle constitue le mur de séparation entre l'homme et DIEU par ses passions ,ses désirs et ses envies contraires à la volonté de DIEU ,le créateur. Le dépouillement de la chair du corps; c'est éliminer la chair qui est dans le corps .En fait,la(chair) rendre complètement impuissante. Autrement dit, la détruire.

VERSET 12.

Ayant été ensevelis avec lui par le baptême…

Avant d'être enseveli, c'est –à-dire être enterré , il faut d'abord mourir. Mourir c'est le fait d'être étendu raide. L'ensevelissement consiste à être complètement couché et recouvert de terre, c'est cela l'immersion(être recouvert d'eau). En vue d'imiter la mort et l'ensevelissement de Christ, le pécheur repenti doit être immergé dans l'eau c'est-à-dire être étendu raide et recouvert d'eau. C'est en fait dans l'eau du baptême que le repenti rencontre son Sauveur, Jésus. Alors pour être conforme à la mort de Christ, l'homme repenti doit nécessairement aller sous l'eau du baptême. La nécessité d'être complètement immergé c'est qu'un homme enterré ne laisse voir aucune partie de son corps à la surface de la terre. Ou alors on ne met pas seulement une poignée de sol sur le mort dans le trou pour dire qu'il est enterré . Mais le sol doit le couvrir totalement.

VERSET 12.

Vous êtes aussi ressuscités en lui et avec lui…

Comme Christ a été ressuscité par la puissance de DIEU de la mort ,nous aussi, païens, morts et enterrés avec lui par le baptême ,nous devions aussi être ressuscités avec lui. Christ ressuscité étant glorifié ,le païen connait sa résurrection en sortant de l'eau du baptême en nouveauté de vie. A la sortie de l'eau, l'homme pécheur doit revêtir Christ. Puisque le corps de péché est détruit dans l'eau, l'homme repenti engagé dans l'eau du baptême ne sortira pas avec le squelette mais plutôt sera recouvert d'un autre corps ,le corps de Christ.Et cela est un phénomène purement spirituel.

(Gal 3 :27).Vous tous ,qui avez été baptisés en Christ ,vous avez revêtu Christ. Il faut d'abord être baptisé en Christ(dans le nom) pour ensuite revêtir Christ.

VERSET 12

Par la foi en la puissance de DIEU ,qui l'a ressuscité des morts.

Sans la foi ,aucune de ces opérations miraculeuses ne portera de fruit. Il nous faut y croire et y mettre une foi sans faille .La puissance de DIEU qui est son Esprit agit surtout par la foi .Par la foi nous disons que, DIEU qui a ressuscité Jésus de la mort, nous ressuscitera aussi et cela à la gloire de DIEU ,le père . Hébreux 11 :6.Or, sans la foi, il est impossible de lui être agréable….

| 1.   ROMAINS 6:3-8

VERSET 3 :
Ignorez-vous que nous tous qui avons été baptisés en Jésus-Christ, c'est en sa mort que nous avons été baptisés ?
Notre immersion dans l'eau (le baptême) est dans le nom de Jésus-Christ .Être baptisé en Jésus-Christ, c'est-à-dire dans le nom de Jésus-Christ. C'est le fait de porter son nom en allant dans l'eau du baptême .Nous sommes immergés dans l'eau du baptême en son nom afin que notre mort (par le baptême) soit conforme à sa mort sur la croix.

VERSET4 :
Nous avons donc été ensevelis avec lui par le baptême en sa mort…
Mort sur la croix ,le Seigneur Jésus a été enterré. Par le baptême d'eau, nous participons à sa mort et à son enterrement. Etant donné que nous sommes étendus raide et complètement recouverts d'eau en portant le nom du Seigneur Jésus, C'est la preuve de notre ensevelissement avec lui de façon spirituelle.

VERSET 5 :
…En effet, si nous sommes devenus une même plante avec lui par la conformité à sa mort, nous le serons aussi par la conformité à sa résurrection…
Nous nous identifions à Christ de par son nom aussi bien en sa mort qu'en sa résurrection. Nous sommes conformes à lui en devenant un même corps en tout(sa mort et sa résurrection).Nous sommes désormais connectés à lui.Nous nous unissons à lui en prenant aussi part à son corps spirituellement.
Alors la bible dit :(1Co 12 :13).Nous avons tous, en effet, été baptisés dans un seul Esprit ,pour former un seul corps…

Non seulement, nous formons un même corps avec lui ,mais aussi étant tous connectés à son corps ,nous devenons les membres les uns aux autres en formant un seul et unique corps,le corps de Christ.
(Ro 12 :5).Ainsi,nous qui sommes plusieurs ,nous formons un seul corps en Christ,et nous sommes tous membres les uns des autres .

VERSET 6 :
Sachant que notre vieil homme a été crucifié avec lui ,afin que le corps du péché soit réduit à l'impuissance ,pour que nous ne soyons plus esclaves du péché.
Notre vieil homme ;c'est notre ancienne nature ,la nature que nous avons héritée d'Adam. C'est dans cette nature que DIEU a condamné le péché. Cette nature qui est notre corps n'était pas physiquement sur la croix avec Christ .La crucifixion avec lui est un phénomène spirituel. En allant dans l'eau du baptême avec son nom(le nom de Jésus),nous sommes avec lui sur la croix. En portant surtout le nom de Jésus,nous croisons notre libérateur, notre Sauveur sous l'eau du baptême où il va écraser, détruire pour nous la vieille nature. Alors nous crucifions ,c'est-à-dire nous détruisons cette vieille nature(le vieil homme) sous l'eau du baptême comme étant mort avec lui sur la croix .En disant avec lui, nous comprenons que ce n'est pas avec lui physiquement ,mais plutôt avec son nom ,le nom de Jésus. A ce nom (le nom de Jésus) glorifié,plein de tout pouvoir, notre nature pécheresse ,notre héritage d'Adam de génération en génération depuis la chute de l'homme ,sera broyée et complètement détruite sous l'eau du baptême. Afin que le corps de péché ne nous dicte plus désormais ses désirs, ses passions, mais que nous soyons un même corps avec Christ.

VERSET 7 :
Car celui qui est mort est libre du péché.
En sortant de l'eau du baptême ,nous sommes ressuscités avec Christ et comme il a triomphé de la mort et la mort n'a plus de pouvoir sur lui, nous aussi, nous triomphons du péché qui n'aura plus de pouvoir sur nous. Le péché est resté dans le

corps d'Adam qui a été détruit dans l'eau .Le corps du péché est donc mort sous l'eau du baptême.

VERSET 8

…Or, si nous sommes morts avec Christ ,nous croyons que nous vivrons aussi avec lui.

Le corps de péché étant complètement détruit sous l'eau du baptême marquant notre mort, notre sortie de l'eau marque aussi notre résurrection en entrant dans le corps de Christ. Notre entrée dans le corps de Christ fait de nous les membres de son corps. Puisque nous entrons dans son corps en sortant de l'eau du baptême ,nous revêtons alors un nouveau corps,le corps de Christ. Nous avons la victoire sur la vieille nature.Tout ceci est spirituel.

(Gal 3 :27). Vous tous qui avez été baptisés en Christ ,vous avez revêtu Christ.

Tous ceux qui sont baptisés au nom de Jésus ,tous ceux qui sont allés sous l'eau du baptême en portant le nom de Jésus,ont revêtu à leur sortie de l'eau le corps de Christ. Ce nom de Jésus a non seulement le pouvoir de détruire le corps de péché, mais aussi de revêtir l'homme libéré du péché, le corps qui est sans péché. En étant revêtu du corps de Christ, nous marchons en nouveauté de vie.

Aussi, en invoquant (faire appel) le nom de Jésus, on fait aussi intervenir son sang, le sang de la rédemption. La bible nous le témoigne ; quand les apôtres étaient forcés devant le Sanhédrin(la haute cour de justice) ,le souverain sacrificateur les interrogea ainsi :

(Actes 5 :28).Ne nous avons-nous pas défendu expressément d'enseigner en ce nom-la ? Et voici ,vous avez rempli Jérusalem de votre enseignement ,et vous voulez faire retomber sur nous le sang de cet homme.

Les juifs avaient déjà compris qu'en invoquant le nom de Jésus ,son sang devait intervenir. C'est pourquoi ils défendaient les apôtres d'enseigner en ce nom(Jésus) dans la ville de Jérusalem.

En vue d'être dans le corps de Christ ,il nous faut absolument être baptisé en son nom, le nom de Jésus-Christ.

Cette opération miraculeuse de DIEU qui est le processus de détruire le corps d'Adam et de revêtir celui de Christ(le deuxième Adam) se passe uniquement sous l'eau du baptême.C'est un phénomène spirituel. Notre engagement devant DIEU à entrer dans l'eau du baptême, doit être un acte de conscience, de maturité et surtout de foi à accepter de nous débarrasser du corps de péché pour devenir membre du corps de Christ. La bible dit :(2Co 5 :6)…et nous savons qu'en demeurant dans ce corps nous demeurons loin du Seigneur.

Tant que nous ne détruisons pas le corps d'Adam ,tant que nous ne nous conformons pas au corps de Christ, le mur de séparation entre nous et DIEU existera toujours et nous éloignera de lui.

Pendant que nous parlons de la circoncision du Christ, il est une nécessité d'exposer la différence entre le pardon des péchés et la rémission des péchés(KJV). Le jour de la Pentecôte ,après la prédication de l'apôtre Pierre,la toute première prédication dans l'histoire de l'église, ceux qui l'écoutaient ,dont le Cœur était vivement touché(ceux qui ont eu foi en sa prédication),lui posèrent cette question ;Qu'allons-nous faire pour être sauvés ?

(Actes 2 :37). Hommes ,frères que ferons-nous ?

Que ferons-nous, est une question voulant savoir les conditions à remplir ,les étapes à franchir pour accéder au salut. Car en DIEU, rien n'est instantané, DIEU annonce d'abord, il prédit avant d'accomplir ce qui est annoncé.

(Esaïe 42 :9).Voici, les premières choses se sont accomplies ,Et je vous en annonce de nouvelles ;Avant qu'elles arrivent ,je vous les prédis.

Le salut alors n'est pas instantané, c'est un processus commençant par la repentance, ensuite le baptême d'eau au nom de Jésus-Christ et recevoir le don du Saint-Esprit et enfin vivre la vie de sainteté.

La bible nous dit dans Romains :

(Ro 10 :9-10).Si tu confesses de ta bouche le Seigneur Jésus ,et si tu crois dans ton cœur que DIEU l'a ressuscité des morts tu seras sauvé…et c'est en confessant de la bouche qu'on parvient au salut...

La confession de la bouche conduit (achemine) l'homme pécheur au salut. En confessant de la bouche on parvient au salut. On parvient veut dire on est dans le cheminement d'atteindre un point ,mais on n'y est pas encore. Donc la confession de la bouche n'est pas le salut, mais plutôt le commencement du processus par lequel on arrive au salut.

L'apôtre Pierre remplit du Saint-Esprit ,répondit à la question ;Que ferons-nous ?

(Actes 2 ;38). Repentez-vous et que chacun de vous soit baptisé au nom de Jésus – Christ, pour la rémission de vos péchés…(KJV).

En parlant de rémission des péchés ,l'apôtre Pierre nous parle des péchés qui nous sont transmis de génération en génération .Ces péchés dont nous ne sommes pas directement responsables ,notre héritage d'Adam.

(Ro 5 :14). Cependant la mort a régné depuis Adam jusqu'à Moïse, même sur ceux qui n'avaient pas péché par une transgression semblable à celle d'Adam, lequel est la figure de celui qui devait venir.

Pour effacer ces péchés ,il faut passer par la circoncision du Christ c'est-à-dire la destruction complète du corps de péché dans l'eau du baptême en Christ, en son nom(Jésus).

Cependant le pardon des péchés concerne les péchés que nous commettons nous-mêmes tous les jours ,de façon volontaire ou involontaire. La bible dit dans la première lettre de Jean.

(1Jn1 :9). Si nous confessons nos péchés ,il est fidèle et juste pour nous pardonner ,et pour nous purifier de toute iniquité.

Le pécheur repenti qui a déjà crucifié le corps d'Adam dans l'eau du baptême n'aura pas encore besoin de l'eau du baptême pour ses propres manquements, ses péchés, ses iniquités. Car la bible dit ;

(Eph 4 :5).Il ya …un seul baptême.

Il faut seulement au pécheur repenti de confesser de sa bouche c'est –à- dire de prendre la responsabilité sinon de reconnaître qu'il est responsable de ses actes ou de ses paroles causant le péché, afin que le Seigneur Jésus le lui pardonne. Nous avons parlé plus haut du nom, le nom de Jésus .Nous retrouvons encore dans (actes 2 :38),l'apôtre Pierre qui parle encore du baptême au nom de Jésus –Christ pour la rémission de nos péchés .Nous insistons toujours pour dire que mourir et être enseveli avec Jésus, ne signifie pas avec lui physiquement, mais en portant son nom. Le nom de Jésus.L'apôtre Paul était en visite à Ephèse, où douze disciples de Jésus se réunissaient. Ces disciples avaient confessé le nom de Jésus ,ils ont cru à son évangile et ils se considéraient déjà sauvés puisqu'ils se disaient disciples:(Actes 19 :1-7).Pendant qu'Apollos était à Corinthe, Paul, après avoir parcouru les hautes provinces de l'Asie ,arriva à Ephèse. Ayant rencontré quelques disciples il leur dit :Avez-vous reçu le Saint-Esprit, quand vous avez cru ?Ils lui répondirent : Nous n'avons pas même entendu dire qu'il y ait un Saint-Esprit. Il dit :De quel baptême avez-vous donc été baptisés ? Et ils lui répondirent :Du baptême de Jean. Alors Paul dit : Jean a baptisé du baptême de la repentance, disant au peuple de croire en celui qui venait après lui, c'est-à –dire, Jésus. Sur ces paroles ,ils furent baptisés au nom du Seigneur Jésus. Lorsque Paul leur eut imposé les mains ,le Saint-Esprit vint sur eux ,et ils parlaient en langues et prophétisaient. Ils étaient en tout environ douze hommes.

A travers ce passage ,nous voyons que l'apôtre Paul insistait sur les étapes à suivre pour être sauvé. Quand bien même ces douze personnes ont confessé et ont cru à Jésus,il leur fallait absolument naître de nouveau pour être sauvées.(Jn 3 :5).En vérité,en vérité je te le dis,si un homme ne naît de nouveau,il ne peut voir le royaume de DIEU….En vérité,en vérité,je te le dis ,si un homme ne naît d'eau et d'Esprit ,il ne peut entrer dans le royaume de DIEU.

La circoncision du Christ, contrairement à celle d'Abraham, est une opération aussi bien miraculeuse que spirituelle. Pendant que celle d'Adam se fait dans la chair de façon physique et apparente, la circoncision du Christ est faite par Jésus-Christ lui-même sur l'homme pécheur sous l'eau du baptême. En entrant dans l'eau du baptême, le pécheur repenti rencontre son libérateur, son rédempteur, le Seigneur Jésus qui se charge de le circoncire spirituellement. Cette circoncision est donc un processus spirituel fait par notre Seigneur et Sauveur Jésus-Christ pour faire de l'homme pécheur membre de son corps en le faisant entrer dans une nouveauté de vie en Christ.

POURQUOI LE NOM DE JÉSUS-CHRIST

De son vivant, le Seigneur Jésus transférait le pouvoir à ses disciples pour guérir les malades, pour délivrer ceux qui étaient possédés par les esprits impurs.

(Luc 9 :1-2).Jésus, ayant assemblé les douze ,leur donna force et pouvoir sur tous les démons ,avec la puissance de guérir les maladies.

Pendant que Jésus était encore sur terre, son nom n'avait pas encore de pouvoir. C'est pour cette raison il leur donnait le pouvoir lui-même d'aller chasser les démons ou guérir les malades. En étant avec eux ,il instruisait ou entraînait les disciples à invoquer son nom quand il les quittera .

Afin que le nom de Jésus ait le pouvoir ,il lui faut remonter dans sa gloire au Ciel. Il faut que le Seigneur Jésus en étant glorifié au ciel soit aussi glorifié sur Terre.

(Jn 7 :37-39)…Car l'Esprit n'était pas encore parce que Jésus-Christ n'avait pas encore été glorifié.

Alors quand le Seigneur Jésus recommandait à ses disciples dans Mathieu de faire de toutes les nations des disciples ;(Mat 28 :19).Allez ,faites de toutes les nations des disciples ,baptisez-les au nom du père ,du Fils et du Saint-Esprit… ;il *n'était pas encore entré dans* sa gloire. Il était encore au milieu d'eux .Les disciples le voyaient, le touchaient et même ils mangeaient avec lui. Mais contrairement à l'évangile de Mathieu, il leur recommanda dans l'évangile de Jean d'attendre le Saint-Esprit qui devait glorifier son nom avant de démarrer leur mission d'évangélisation. Le Saint-Esprit qui est l'Esprit de vérité devait descendre sur eux après que le Seigneur Jésus soit entré dans sa gloire.

(Jn 14:13-15).Quand le consolateur sera venu, l'Esprit de vérité, il vous conduira dans toute la vérité…il me glorifiera ,parce qu'il prendra de ce qui est à moi, et vous Annoncera .Tout ce que le père a est à moi ;c'est pourquoi j'ai dit qu'il prend de ce qui est à moi, et qu'il vous l'annoncera.

Les disciples étant tellement liés au Seigneur Jésus qu'ils ne voulaient pas le laisser partir, mais il leur répondit :

(Jn 16 :7).Cependant je vous dis la vérité :il vous est avantageux que je m'en aille, car si je ne m'en vais pas ,le consolateur ne viendra pas vers vous ;mais ,si je m'en vais, Je vous l'enverrai.

C'est ainsi que le jour de la Pentecôte, quand le Saint-Esprit est descendu sur les cent vingt fidèles ;(Actes 1 :15).

En ce jours-là ,Pierre se leva au milieu des frères ,le nombre des personnes réunies étant d'environ cent vingt…

(Actes 2 :1-4). Le jour de la Pentecôte ,ils étaient tous ensemble dans le même lieu….Et ils furent tous remplis du Saint-Esprit ,et se mirent à parler en d'autres langues ,selon que l'Esprit leur donnait de s'exprimer.

Le nom de Jésus fut glorifié ce jour-là.

(Actes 2 :32-33).C'est Jésus que DIEU a ressuscité ; nous en sommes témoins. Elevé par la droite de DIEU, il a reçu du père le Saint-Esprit qui avait été promis ,et il l'a répandu , comme vous voyez et l'entendez.

Devant une multitude de juifs,le nom du Seigneur Jésus fut glorifié .

(Actes 2 :5).Or ,il y avait en séjour à Jérusalem des juifs ,hommes pieux ,de toutes les nations qui sont sous le ciel.

Le jour de la Pentecôte ,le nom du Seigneur Jésus a été victorieusement proclamé. Le Saint-Esprit a glorifié le nom de Jésus en conformité avec la recommandation qu'il a faite à ses disciples dans l'évangile de Jean.(Jn 14 :13-15).

En revenant à la prédication de l'apôtre Pierre, les juifs lui demandèrent :

(Actes 2 :37).Hommes ,frères que ferons-nous ?

L'apôtre Pierre répondit ; (Actes 2 : 38).Repentez –vous et que chacun de vous soit baptisé au nom de Jésus-Christ pour la rémission de vos péchés…(KJV).

Cette réponse de l'apôtre Pierre était en conformité avec ce que le Seigneur Jésus a dit à ses disciples le jour qu'il montait au ciel ; (Luc 24 :47)….et que la repentance et la rémission des péchés seraient prêchées en son nom à toutes les nations à commencer par Jérusalem.

Quand il dit à son nom, il s'agit du nom de Jésus. Nous savons que Jésus ou YEHSHUA veut dire DIEU qui sauve ou DIEU le sauveur.par la circoncision du Christ, nous voulons être sauvés,nous voulons nous échapper de la mort qui nous poursuivait c'est-à-dire le péché. Puisque Jésus est le sauveur ,il est venu dans le monde pour sauver son peuple des péchés, c'est en son nom seul que nous pouvons obtenir cette grâce qui est la rémission de nos péchés ,la destruction du corps d'Adam .Cette grâce qui nous a été offerte sur la croix pour la rémission de nos péchés s'est révélée ,s'est matérialisée ,s'est montrée physiquement dans le corps en Jésus-Christ.

(Tite 2 :11).Car la grâce de DIEU, source de salut pour tous les hommes ,a été manifestée.

Nous lisons aussi dans Timothée ; (2 Tim 1 :9-10)…Selon la grâce qui nous a été donnée en Jésus-Christ avant les temps éternels, et qui a été manifestée maintenant par la venue de notre Sauveur Jésus-Christ , qui a réduit la mort à l'impuissance et a mis en évidence la vie et l'immortalité par l'Evangile.

Nous soulignons encore qu'après que le Saint-Esprit ait glorifié le nom du Seigneur Jésus le jour de la pentecôte, beaucoup de miracles avaient été opérés par les apôtres par la suite à ce nom(le nom de Jésus).

(Actes 3 :1-9).Alors Pierre lui dit : je n'ai ni argent ni or ; mais ce que j'ai ,je te le donne :au nom de Jésus-Christ de Nazareth ,lève-toi et marche…

Le nom de Jésus se propageait et beaucoup de gens étaient convertis ,car ce nom était glorifié par de nombreux signes.

(Actes 19 :13-20)…Et le nom du Seigneur Jésus était glorifié …

Nous savons que le nom de Jésus est le nom le plus élevé au-dessus de tout nom.

(Ph 2 :9-11).C'est pourquoi aussi DIEU l'a souverainement élevé ,et lui a donné le nom qui est au-dessus de tout nom. Afin qu'au nom de Jésus tout genou fléchisse dans les cieux, sur la terre et sous la terre ,et que toute langue confesse que Jésus-Christ est Seigneur à la gloire de DIEU le père.

Le nom de Jésus étant au-dessus de tout nom, il a alors le pouvoir de détruire la puissance du diable, satan et ses alliés .

(Heb 2 :14-15).Ainsi donc,puisque les enfants participent au sang et à la chair ,il y a également participé lui-même ,afin que par la mort ,il rende impuissant celui qui avait la puissance de la mort, c'est-à dire le diable ;ainsi il délivre tous ceux qui, par la crainte de la mort ,étaient toute leur vie retenus dans la servitude.

(1 Jn 3 :8). Celui qui pratique le péché est du diable,car le diable pèche dès le commencement .Le Fils de DIEU a paru afin de détruire les œuvres du diable.

Le nom de Jésus est celui donc qui a le pouvoir de détruire le corps d'Adam dans l'eau du baptême. Le péché condamné dans le corps depuis Adam a été rendu impuissant en invoquant (faire appel) le nom de Jésus. La bible dit ainsi :

(Actes 4 : 12). Il n'y a de salut en aucun autre ;car il n' y a sous le ciel aucun autre nom qui ait été donné parmi les hommes ,par lequel nous devions être sauvés.

Aucun autre nom ,en dehors de celui de Jésus ,ne peut avoir le pouvoir de nous délivrer de ce danger de mort qu'est le péché .Parce que le nom de Jésus étant le nom au-dessus de tout nom ,c'est le nom dans lequel se concentre tout pouvoir.

DIEU, à plusieurs occasions s'est fait connaître à l'humanité sous plusieurs différents noms. Chaque nom de DIEU exprimait le caractère de ce qu'il voulait accomplir ou de ce qu'il voulait être.

Il s'est fait connaître à Abraham , Isaac et Jacob sous le nom de DIEU ''Tout- Puissant.'' (Exode 6 :3).Je suis apparu à Abraham, à Isaac et Jacob, comme le DIEU Tout-Puissant…

A Moïse.(Exode 6 :2).DIEU parla encore à Moïse et lui dit : Je suis l'Éternel (Yahvé,Jéhovah= YHWH).

Quelques exemples des noms de DIEU dans l'ancien testament :

1. **ELOHIM** –DIEU Tout-Puissant
2. **EL ELYON** (DIEU Très –haut, Gen 14 :18)

3. **EL DONAI** (Seigneur, Gen 15 :2)

4. **EL OLAM** (DIEU D'éternité)

5. **JEHOVAH-JIRE**(L'Éternel le pourvoyeur, Gen 22 :14)

6. **JEHOVAH-NISSI**(l'Éternel la bannière ou le refuge Ex 17 :15)

7. **JEHOVAH-RAPHA**(l'Éternel qui guérit, Exode 15 :26)

8. **JEHOVAH-SHALOM**(l'Éternel de paix ,juges 6 :24)

9. **JEHOVAH-RAAH**(l'Éternel mon berger ,Ps 23 :1)

*10.***JEHOVAH-SHAMMA**(l'Éternel est présent ,Ezk 48 :35)

*11.***JEHOVAH-TSIDKENU**(l'Éternel notre justice,Jr 23 :5-6)

*12.***JEHOVAH-MEKODDISHKEM**(l'Éternel qui sanctifie)

Nous avons au moins seize(16) différents noms de DIEU révélés dans l'ancien testament. DIEU s'est fait connaître sous plusieurs noms à l'Isräel. DIEU a aussi dit qu'il est le sauveur de l'Israël ou le DIEU du salut (Ps 24 :5)…DIEU de mon salut.
Et Esaïe(43 :11).C'est moi ,moi qui suis l'Éternel, Et à part moi il n'y a point de sauveur.
Mais dans l'ancien testament, il n'a jamais fait connaître à l'Israël le nom par lequel il devait sauver.

Toutes les prophéties concouraient à la venue du Messie, qui devait être aussi bien le rédempteur que le sauveur d'Israël. Quand le temps que DIEU a arrêté pour se révéler dans la chair pour sauver l'humanité est arrivé ,il a aussi fait connaître son nom qui sauve.**YEHOSHUA OU YESHUA(YEHO OU YAH=DIEU ET YASHA=QUI DELIVRE = QUI SECOURT=QUI SAUVE). YEHOSHUA=YESHUA= DIEU QUI DELIVRE=DIEU QUI SAUVE.**

Tous les seize noms de DIEU de l'ancien testament se concentrent en un seul, celui de **YEHSHUA**

Dans le nom de JESUS :

- Nous avons la repentance et la rémission de nos péchés.(Luc 24 :47/Actes 2 :38).

•Nous obtenons tout ce que nous demandons (Jn 14 :13-14 et 16 : 26).
•Nous avons le salut (Actes 2 :21/4 :12).

. Nous chasserons les démons ,nous parlerons de nouvelles langues, nous saisirons les serpents ,nous boirons le breuvage mortel sans avoir mal,nous imposerons les mains aux malades et les malades seront guéris.(Marc 16 :17)

- Nous obtenons la guérison (Actes 4 :10).
- Nous avons été justifiés et nous avons été lavés (l'eau du baptême, 1Co 6 :11).
- Nous avons la paix(Jn 14 :27).
- Nous avons l'amour (Jn 13 :34-35)
- Tout genou fléchit dans les cieux ,sur la terre et sous la terre(Adoration de Jésus ;Phil 2 :10).
- Toute langue confesse que Jésus est Seigneur.(Adoration de Jésus, Phil 2 :11).
- Nous recevons ,le consolateur ,le Saint-Esprit ,l'Esprit de vérité promis par le père.(Jn 14 :26)
- DIEU ,le père a fait connaître son vrai nom à l'humanité :

1. (Jn 5 :43) .Je suis venu au nom de mon père …
2. (Jn 17 :6).J'ai fait connaître ton nom aux hommes que tu m'as donnés…
3. (Jn 17 :26).Je leur ai fais connaître ton nom…

Tous les noms et les attributs que DIEU prenait dans l'ancien testament pour se révéler à l'humanité se sont tous concentrés désormais dans un seul et unique nom, le nom de Jésus-Christ .Nous n'avons plus jamais besoin de citer Nissi, Jiré ou tout autre nom, nous avons tout en Jésus-Christ de Nazareth.

Pour cela la parole de DIEU nous dit : (Col 3 :17). Et quoi que vous fassiez ,en parole ou en œuvre ,faites tout au nom du Seigneur Jésus,en rendant par lui des actions de grâces à DIEU le père.

La circoncision du Christ est l'unique processus par lequel l'homme pécheur à la recherche de la gloire de DIEU peut complètement crucifier le corps (le sang et la chair) qui lui dictait les plaisirs ,les désirs ,les envies ,les passions contre la volonté de son DIEU. Ce processus (la circoncision du Christ) ne peut aboutir sans invoquer le puissant nom ,le nom de Jésus ,qui a le pouvoir de détruire le péché et rendre impuissant la mort .

Dans ce processus de changement d'un corps ,celui qui est condamné à mourir ,à un autre celui qui est glorieux ,il y a non seulement l'intervention du nom de Jésus mais aussi le sang,l'eau et l'Esprit.Tous s'accordent pour rendre la mission complète de façon spirituelle.Quant au pécheur ,il prend l'engagement de subir cette transformation spirituelle par la foi.Il doit surtout affirmer sa foi en DIEU,car ce changement est opéré par DIEU lui-même .Il ne peut donc réussir sans la foi ,car la bible dit ; (Heb 11 :6).Or ,sans la foi ,il est impossible de lui être agréable…

Le sang sur la croix s'applique à ce processus en faisant appel à Jésus ; invoquer le nom de Jésus. Car c'est le seul nom par lequel nous sommes délivrés de nos péchés. Un homme repenti(qui s'est renié lui-même) doit passer par la circoncision du Christ en vue d'entrer dans le corps de Jésus et devenir son membre. Le plus important de tout cela c'est d'être un seul corps avec Jésus, le corps dans lequel le péché n'a plus de pouvoir. Le corps libéré du péché et surtout libéré de la mort . La bible dit : (Eph 4 :4).Il ya un seul corps.

Nous voulons être unis à lui dans ce corps pour la gloire du père .La bible dit aussi : (1 CO12 :13).Nous avons tous ,en effet été baptisés dans un seul Esprit pour former un seul corps,soit juifs,soit grecs,soit esclaves ,soit libres et nous avons tous été abreuvés d'un seul Esprit.

Dans ce seul corps , nous devenons membres les uns aux autres en harmonie dans l'amour de DIEU.Puisque nos corps deviennent membres du corps de Christ par la circoncision du Christ, alors nos corps sont désormais au Seigneur pas à nous .

(1Co 6 :15).Ne savez-vous pas que vos corps sont les membres de Christ ? Prendrai- je donc les membres de Christ,pour en faire les membres d'une prostituée ? Le corps qui appartient au Seigneur ne doit pas être souillé.

(1Th 4 :3-4).Ce que DIEU veut , c'est votre sanctification ;…c'est que chacun de vous sache posséder son corps dans la sainteté et l'honnêteté.

Nous savons par ailleurs, que le Seigneur Jésus reviendra chercher son église qui n'a ni tache ni ride. Pour cela les apôtres nous ont recommandé d'être purs et irréprochables le jour de l'avènement de notre Seigneur.

(Phil 1 :10)…Afin que vous soyez purs et irréprochables pour le jour de Christ.

Etant donné que la vieille nature est détruite dans l'eau du baptême , nous devenons une nouvelle créature en Christ .Donc par la circoncision du Christ nous héritons un corps excellent , un corps glorieux celui de Jésus dont nous devons prendre soin pour être agréable à DIEU en marchant en nouveauté de vie.Car la bible dit :
(Hebreux 12 :14).Recherchez la paix avec tous, et la sanctification , sans laquelle personne ne verra le Seigneur.

NOUS CONCLUONS PAR PHILIPPIENS .

(Phil 3 :3).Car les circoncis , c'est nous , qui rendons à DIEU notre culte par l'Esprit de DIEU , qui nous glorifions en Jésus-Christ , et ne mettons point notre confiance en la chair .

NOS ENCOURAGEMENTS

La marche chrétienne est une course qui s'étend sur une très grande distance. C'est une compétition qui demande beaucoup de souffle, beaucoup d'endurance. Peu importe comment nous démarrons, le départ importe peu, c'est l'arrivée qui compte. Certes il y aura beaucoup d'épreuves, beaucoup de tribulations, beaucoup de persécutions sur le chemin, mais il nous faut tenir ferme et aller surtout de progrès en progrès. Gardons fermement nos regards sur les apôtres qui nous ont laissé cette parole de l'évangile comme un exemple à suivre, un exemple à imiter, un héritage à préserver .Inspirons-nous de l'apôtre Paul qui dit :

(PHIL 3 :10-14).. .Ce n'est pas que j'aie déjà remporté le prix ,ou que j'aie déjà atteint la perfection ;mais je cours ,pour tâcher de le saisir ,puisque moi aussi j'ai été saisi par Jésus-Christ. Frères ,je ne pense pas l'avoir saisi ;mais je fais une chose ; oubliant ce qui est en arrière et me portant vers ce qui en avant, je cours vers le but, pour remporter le prix de la vocation céleste de DIEU en Jésus –Christ.

Il est temps que nous fixons nos regards sur les choses permanentes. Nous sommes engagés sur une voie à sens unique. En voulant retourner ou rebrousser chemin, nous serons disqualifiés de la compétition. La bible dit :(Luc 9 :62)

…Quiconque met la main à la charrue, et regarde en arrière ,n'est pas propre au royaume de DIEU.

Résistons fermement aux choses qui nous tirent en arrière ,l'amour des choses visibles (les biens et plaisirs de ce monde) qui sont passagères pendant que les invisibles sont permanentes. Contentons –nous alors de courir âprement derrière les meilleures promesses de DIEU qui nous sont invisibles pour l'heure.

(2Co 4 :17-18). Car nos légères afflictions du moment présent produisent pour nous , au-delà de toute mesure un poids éternel de gloire ,parce que nous regardons, non point aux choses visibles ,mais à celles qui sont invisibles ;car les choses visibles sont passagères ,et les invisibles sont éternelles.

(Ro 8 :18).J'estime que les souffrances du temps présent ne sauraient être comparées à la gloire à venir qui sera révélée pour nous .

(RO 8 :35).Qui nous séparera de l'amour de Christ ?Sera-ce la tribulation, ou l'angoisse ,ou la persécution, ou la faim, ou la nudité, ou le péril ,ou l'épée ?

Fuyons les fables et la ruse du diable. Beaucoup de faux prophètes et de faux enseignants veulent nous détourner de l'évangile du salut. Demeurons fermes car les temps s'annoncent difficiles.

(2Pi 1 :16).Ce n'est pas en effet ,en suivant les fables habilement conçues, que nous vous avons fait connaître la puissance et l'avènement de notre Seigneur Jésus-Christ, mais c'est comme ayant vu sa majesté de nos propres yeux.

(1 Timothée 1 :6-7).Quelques uns, s'étant détournés de ces choses ,se sont égarés dans de vains discours ;ils veulent être docteurs de la loi, et ils ne comprennent ni ce qu'ils disent ,ni ce qu'ils affirment.

Le temps que la bible a déjà annoncé où les hommes se détourneront de la vérité pour suivre la philosophie des hommes est arrivé. Il est à nous de veiller sur nous-mêmes.

(2Timothée 4 :3-4)

Car il viendra un temps où les hommes ne supporteront pas la saine doctrine;mais, ayant la démangeaison d'entendre des choses agréables ,ils se donneront une foule de docteurs selon leurs propres désirs ,détourneront l'oreille de la vérité ,et se tourneront vers les fables.

Frères et sœurs, recherchons la vérité, accrochons –nous à la parole de DIEU telle qu'elle a été laissée par les apôtres comme notre héritage.

(GALATES 1 :7.)
Non pas qu'il y ait un autre évangile .Mais il y a des gens qui vous troublent ,et qui veulent altérer l'évangile de Christ.

(2 CO4 :2 et 5) :

Nous rejetons les choses honteuses qui se font en secret , nous n'avons point une conduite astucieuse ,et nous n'altérons point la parole de DIEU…Nous ne nous prêchons pas nous-mêmes ;c'est Jésus-Christ le Seigneur que nous prêchons…

Que la paix et l'amour du Seigneur Jésus vous accompagnent dans votre vie quotidienne.Que sa bénédiction vous comble tous les jours de votre vie.

Persévérez sans cesse dans les prières et demeurez aussi sans cesse dans la maison de votre DIEU.(PSAUMES 23 :6)

Oui, je veux morebooks!

I want morebooks!

Buy your books fast and straightforward online - at one of the world's fastest growing online book stores! Environmentally sound due to Print-on-Demand technologies.

Buy your books online at
www.get-morebooks.com

Achetez vos livres en ligne, vite et bien, sur l'une des librairies en ligne les plus performantes au monde!
En protégeant nos ressources et notre environnement grâce à l'impression à la demande.

La librairie en ligne pour acheter plus vite
www.morebooks.fr

OmniScriptum Marketing DEU GmbH
Heinrich-Böcking-Str. 6-8
D - 66121 Saarbrücken
Telefax: +49 681 93 81 567-9

info@omniscriptum.com
www.omniscriptum.com

www.ingramcontent.com/pod-product-compliance
Lightning Source LLC
Chambersburg PA
CBHW032012080426
42735CB00007B/584